PENSÉES ET MOTS
POUR
PANSER DES MAUX

Dessin de la page couverture: Sacha Light

Illustration des poèmes : Babacar Diouf
                       Courriel : bdiouf375@yahoo.fr
                       Sacha Light
                       Courriel : sachahamel@gmail.com
                       Images libres de droits *Pixabay*

Dépôt légal - 1er trimestre 2019

Bibliothèque et Archives nationales du Québec, 2019
Bibliothèque et Archives Canada, 2019
© Presses panafricaines, février 2019
ISBN : 978-2-92-4715-15-4

Montréal - Canada

Courriel : infos@presses-panafricaines.com
Site internet : www.presses-panafricaines.com

Annick DIOP

PENSÉES ET MOTS
POUR
PANSER DES MAUX

Poésie

PRESSES PANAFRICAINES

Collection **Soleil d'hiver**

Dédicace à feu Guy Vignon Amou

J'aurais tant voulu que tu sois l'un des premiers à parcourir ce recueil et à me donner ta rétroaction.

J'aurais tant apprécié ta critique constructive et, à nouveau, partager avec toi cette passion commune pour le monde littéraire.

J'aurais pris volontiers une part de ta généreuse contribution. Hélas.

Mon dernier message restera à jamais sans réponse...

Ainsi fut ta destinée. Repose en paix.

In memoriam Guy Vignon Amou

Annick Diop

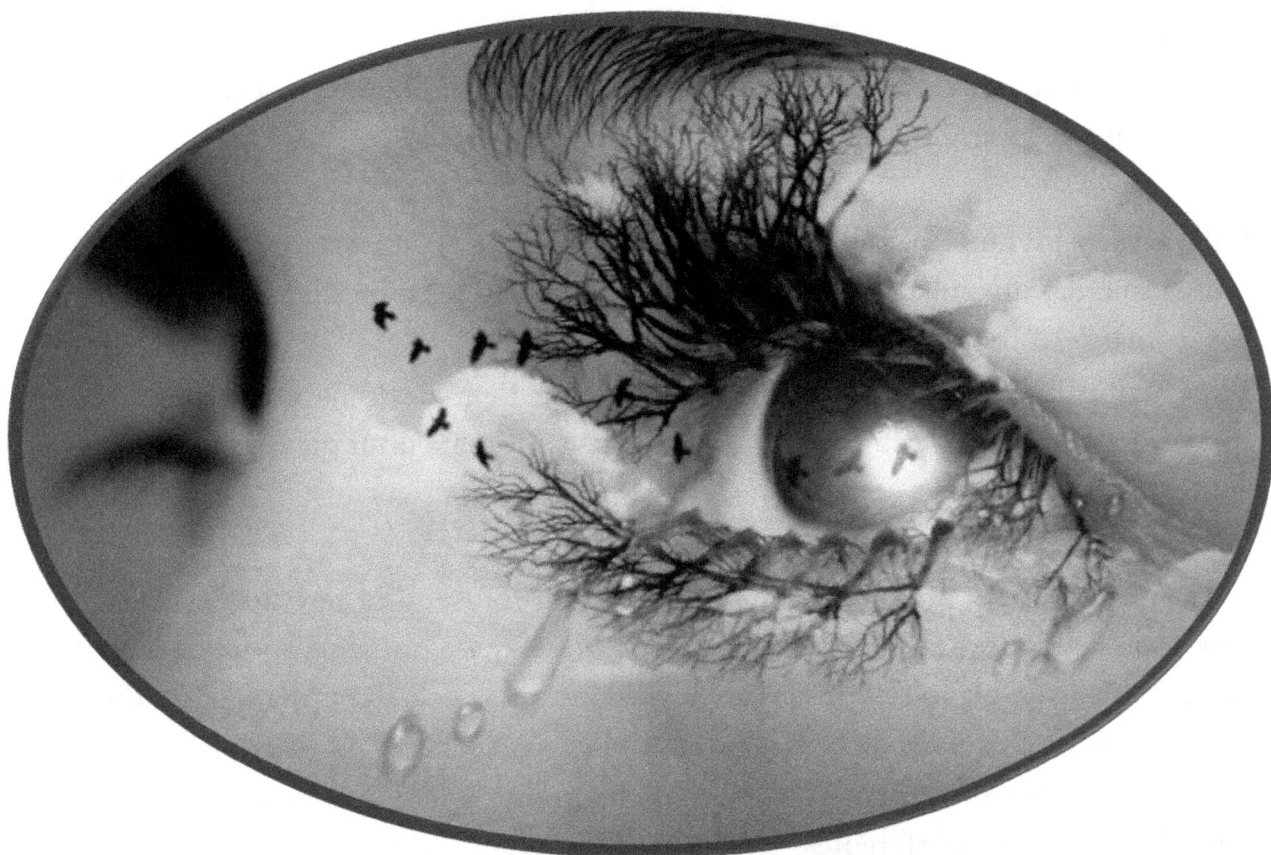

À fleur de peau

S'il est des jours, où la mélodie des sirènes draine l'inspiration des grands créateurs ; il est tout autant des jours, où le chant de révolte de la foule désabusée vient heurter les paisibles lendemains d'impassibles dirigeants à la bouche muselée.

Face à l'injustice et à la colère des hommes, une colombe roucoule l'Ode à la Paix dans l'espoir d'apaiser les frustrations des exploités.

S'il est des joyaux qui ornent le cou des dames des soirées mondaines, ces muses sujettes aux mille éloges ; il est tout autant dans les mines d'extraction de ces diamants, d'abominables atrocités.

Face à l'immoralité des hommes, c'est d'une fleur de lotus qu'un pigeon messager fredonne un petit air aux gardiens de la moralité pour qu'ils ravivent la spiritualité des hommes et l'introspection de leur for intérieur.

S'il est encore des âmes bien intentionnées qui refusent de se confiner dans leur zone de confort ; il est tout autant des gamins qui n'ont jamais joui de leur enfance. Abusés, exploités, drogués, souvent incapables de discerner le Bien du Mal, ils sont des damnés de la Terre dont nul ne se soucie.

Face à la bêtise humaine, un rossignol chantonne une douce berceuse pour attendrir ces âmes indifférentes.

S'il est encore une lueur de quintessence de l'humanité, elle est engloutie dans un gouffre sans fond. Sous nos yeux vitrés, la plus vicieuse des armes de guerre est infligée à des femmes innocentes. Plutôt que de les protéger, les hommes de poigne s'en sont allés. Silence cynique. Indignation contre l'absurdité des êtres humains !

Face aux tares des hommes, un majestueux cygne sifflote au loin, comme pour redorer ces âmes perdues.

***

Âme sœur

Dans la pénombre de la nuit tombante
Se lovent deux jeunes silhouettes,
Rendez-vous galant au clair de lune.
Assis sur un tapis de verdure,
Dans ce jardin de charmes,
Ils partagent un philtre d'amour,
Entourés de roses écarlates.
Regards pétillants,
Secrets chuchotés,
Baisers échangés,
Soupirs de désirs,
Fusion passionnelle,
Nappés d'une volupté de lilas,
Deux corps ne faisant plus qu'un.

De là-haut, les étoiles semblent clignoter,
Faisceau lumineux sur des ombres dansantes.
Deux êtres émoustillés en parfaite harmonie,
Enflammés par leur brasier d'amour,
Feu follet des cinquantenaires,
Sous le ciel brumeux de l'aurore estival.
Un, deux pas...dans ce merveilleux jardin,
Bercé par la musicalité des grillons en concert.
Sublimes sont les visages des amoureux,
Rafraîchis par quelques gouttelettes de rosée.
Émerveillés, par un si beau spectacle,
Les arbres admiratifs applaudissent à l'unisson,
Ovation de souffles de murmures effeuillés
Pour cette chorégraphie des âmes sœurs.

✳ ✳ ✳

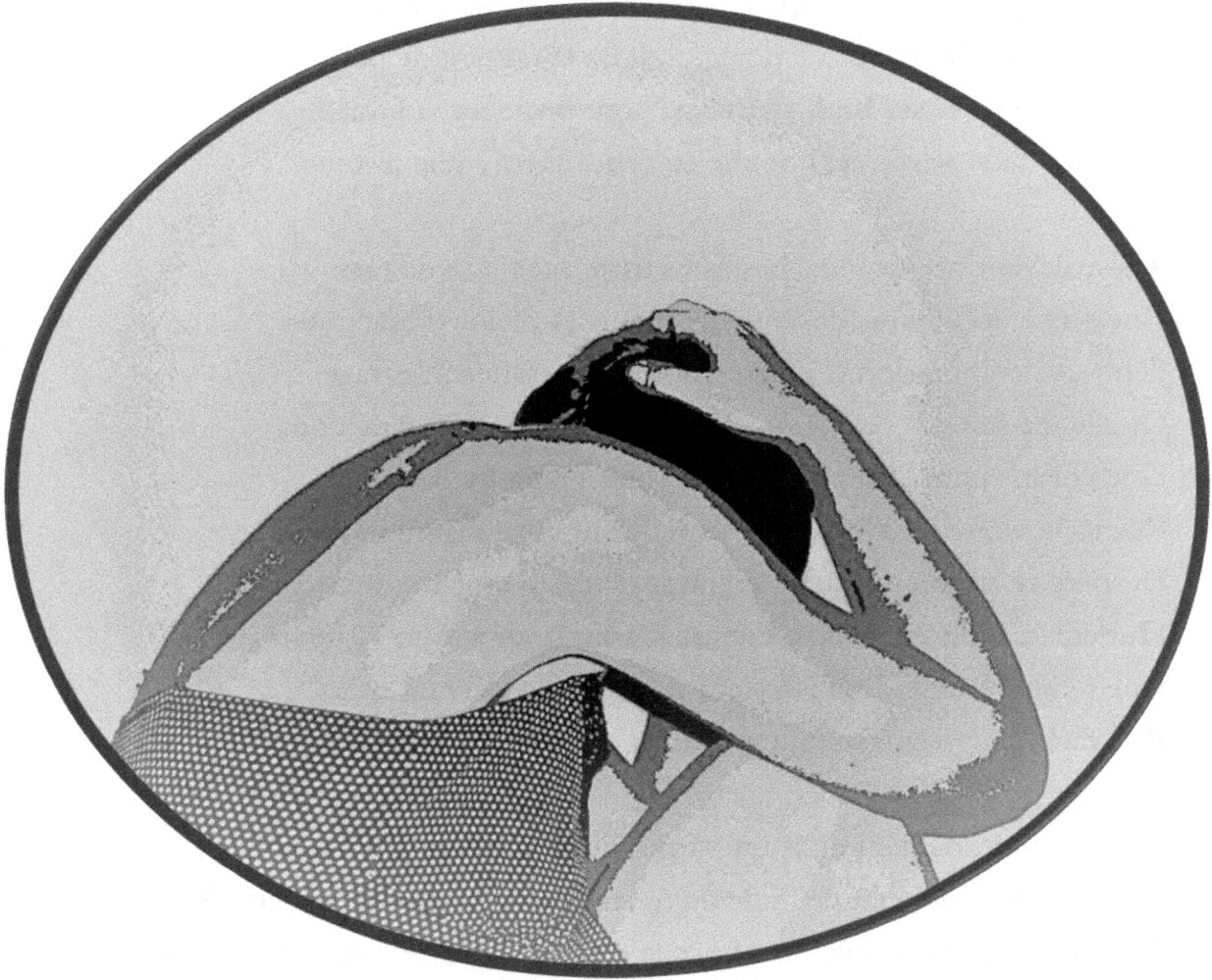

Au-delà du paraître

Horrifiée par les cris stridents, j'observais la scène d'en face,
Il lui donnait des coups de poing, tout en la traitant de pute,
Elle les parait de ses bras, au mieux, pour protéger sa face,
Regards croisés avec cet homme en furie, encore une dispute.

Assise devant ma véranda, je suis ce triste spectacle de rage,
Une scène déchirante, devenue fréquente et pleine d'exactions.
J'éprouve compassion et colère, mon impuissance m'enrage.
Or elle me fuit des yeux, pour éviter toute forme d'interaction.
Une voisine parmi d'autres qui s'obstine à paraître heureuse,
Relevant la tête furtivement pour esquiver mon regard inquisiteur.
Derrière ce sourire se cache le drame d'une femme miséreuse.
Hurlements, pleurs, coups nocturnes sont, tour à tour, visiteurs.
Une femme battue dont j'imagine la scène, derrière les murs,
Il se fâche, cogne, brise tout et s'en va, comme à son habitude.

Dans ma tête, défilent mille questions, dont une sonne le carillon :
Est-ce à moi d'appeler de l'aide ou devrais-je sauver les apparences ?
Mon inaction m'exaspère, me brise le cœur. Je souffre, la bouche en bâillon.
Amer amour d'un duo en duel, l'un glorifié, l'autre rabaissé. Incohérence !
Il va continuer, cruellement, jusqu'à ce que mort s'ensuive. Âme en bouillon.
Ne laissant derrière lui que la culpabilité d'un acte : remords ou indifférence.

✳ ✳ ✳

Bouquet de fleurs

Dame de onze heures, moment favori pour cette *Belle-de-jour*
En un sourire, la *Véronique dentée* fait son *Coucou* matinal
Parfumée d'une *Germandrée à têtes*, sa *Digitale pourprée*,
Flora, la douceur enivrante !

Elle peigne sa *Jasione* crépue en *Muscari à toupet*,
Puis, elle farde son *Œil-de-paon* avant d'appliquer
Du *Géranium sanguin* autour de son *Bec-de-grue*.
Florine, la coquette élégante !

Sa *Campanule gantelée*, la main sur son *Nombril-de-Vénus,*
L'autre posée sur sa *Listère à feuilles en cœur*, elle se dit
Qu'une *Reine des poisons* ne peut qu'être *Immortelle*.
Floralie, l'éternelle beauté !

✳ ✳ ✳

Cycle tripartite

Naître

Dans les méandres de la terre féconde,

Éclosent des graines de vie, çà et là,

Jaillissent des germes de verdure, qui

Prennent racines dans la terre allaitante.

Terre-Mère

Grandir

Au réconfort de l'instinct maternel

Se blottissent des pousses en croissance,

Plantes de l'innocente adolescence

Devenues mâtures, porteuses de fruits.

Terre-Nourricière

Vieillir

Caressées par la légèreté des vents saisonniers,

Elles ensemencent le sol de graines ambrées,

Avant de courber l'échine, fragilisées par le temps.

Elles sécheront et retourneront à cette béante terre.

Terre-Poussière

Ainsi soit-il...

❃ ❃ ❃

Cri muet

Entends-tu le gémissement de la dame d'à côté ?
Elle marmonne quelques sacrilèges maléfiques.
Désinvolture des uns, face à la maladie mentale.

Entends-tu le grognement de la dame d'en face ?
Elle lance des jurons à qui veut bien l'entendre,
En quête de l'âme débonnaire venant à son secours.

Entends-tu la clameur de la dame éplorée, là-bas ?
Elle lance un appel pour se tirer de la détresse
Dont l'écho silencieux n'est qu'indifférence et mépris.

Entends-tu le hurlement de la dame dans le lointain ?
Elle s'éclate les poumons à émettre des signaux d'alarme
Que tous ces sourds et aveugles s'évertuent à ignorer.

Entends-tu les pleurnichements étouffés de la défunte dame
Lentement assourdis par le silence froid, dur, insensible ?
S'en est allée celle dont l'errance fut une abominable souffrance.

Entends-tu l'agonie des exclus qui réfutent l'unicité de leur être ?
Glisse-leur à l'oreille que le plus pauvre, le plus difforme, le plus vil,
Le plus laid des humains est une merveille absolue et que même
Dans le nauséabond fumier, peut prendre racine la splendide rose.

❋ ❋ ❋

Délire en couleurs

Affalé sur une chaise patio *violacée,*

Une fin de journée d'été, sous le ciel *bleu,*

Un bleu nuancé, aux teintes de *turquoise.*

Perdu dans ses réflexions de merle *blanc,*

Il se voit, d'un coup de baguette *ambrée,*

Transformer la tristesse du maussade *gris*

En couleur de la nature et de l'espoir, doux *vert.*

L'humaniste à qui l'injustice sociale fait voir *rouge,*

Visionnaire ou idéaliste, il imagine une vie en *rose.*

Dans sa solitude envahissante comme une algue *brune*

Il puise ses idées, même si, parfois, il en vient à rire *jaune.*

Il est conscient que chaque maillon vaut son pesant d'*or.*

Précieux est chaque élément qui forme la chaîne d'*argent.*

Rêve interrompu par le reflet du coucher du soleil *orangé,*

Signe crépusculaire, croissant de lune d'un pâle *beige.*

Aspirations qui s'envolent à l'approche de la nuit *noire*

Où seules les étoiles s'émerveillent en *couleurs,*

Rêve, illusion, fantaisie, mirage, délire *arc-en-ciel.*

*** *** ***

Dialogue entre ville et village

Un jour, alors qu'elle se sentait complètement lavée par les aléas de la vie, la Ville, épuisée, décida d'aller à la rencontre du Village.

— Bonjour. Qui es-tu ? demanda le Village, époustouflé par ce personnage trop agité à son goût.

— Je suis la Ville, celle des contrées grouillantes, vibrantes et pleines d'action. Chez moi, la nuit est aussi intense que diurne, car les sorties nocturnes s'allient à la devise métro-boulot-dodo. Je suis venue te voir car je suis dépassée. J'aimerais te proposer mon amitié et te fréquenter.

— J'aimerais bien t'offrir mon soutien, fit le Village, avec une grande compassion, mais si je te laisse entrer dans mon univers, que deviendrai-je ? Tu viendras m'envahir, t'emparer bruyamment de ma quiétude, troubler mon repos, polluer mon espace et effrayer mon univers.

— Pour l'amour du ciel, supplia la Ville, je me suis enfuie pour venir te voir car je suis à bout : le rythme citadin effréné m'étourdit, je suis tannée des bousculades et du trop-plein des heures de pointe. De la musique des boîtes de nuit, je n'ai gardé qu'acouphènes. L'agressivité de la concurrence a puisé toute mon énergie. Je n'ai plus la patience des longs embouteillages et les particules de pollution ont accaparé mon système respiratoire. Je suis malade, j'étouffe, je meurs à petit feu.

Ému par tant de désarroi, le Village essuya une larme avant de se reprendre :

— Ma vie est parfois monotone, parfois apaisante, mais je ne peux pas t'aider au péril de ma survie. S'il est vrai qu'il est plaisant d'avoir de la compagnie, je ne saurais vivre sans cette solitude qui me caractérise. J'aurais beau vouloir te guérir du mal qui s'est épris de toi, ma vie en dépend. Alors passe ton chemin ! Retourne dans la métropole d'où tu viens, car là est ta destinée. Je suis et resterai un éternel solitaire.

❋ ❋ ❋

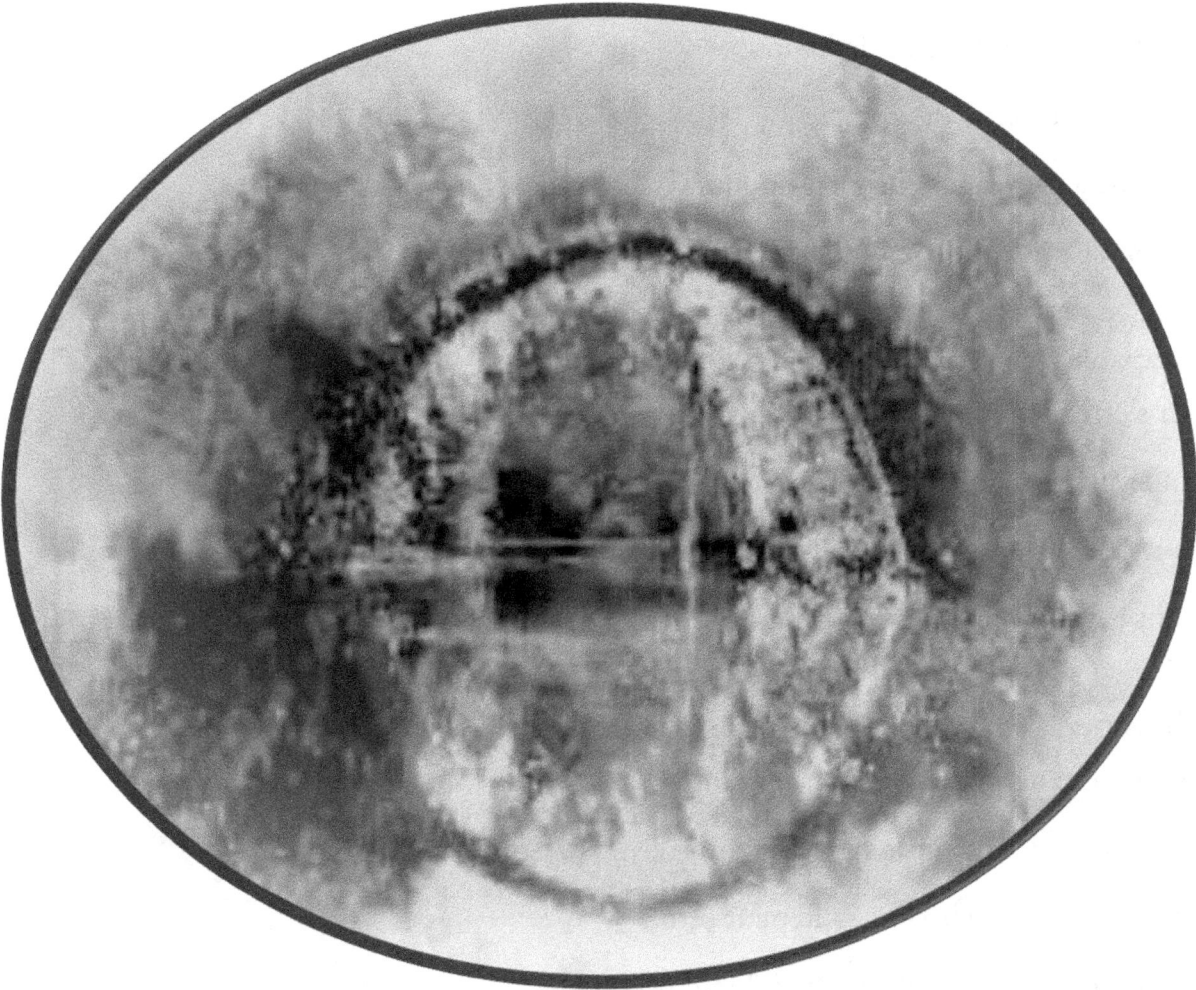

Effluves du fleuve

Aux abords de la berge
Virevoltent en essaims

Libellules et lucioles,

Contraste d'ombres et de lueurs,

Ailes aux accents de liberté,

Tumultueuse vague des profondeurs

Qui s'estompe à la quiétude du rivage.

Incapable de prédire sa destinée,
On s'efforce à donner un sens à sa vie,

Une mission, une raison d'être pour certains,

Aux flots du tracé de leur destin pour d'autres.

Vent tourbillonnant suivi de la brise marine.

Choisir de s'émerveiller au passage
D'un banc de petits poissons argentés,

Plutôt que de braver les marées fluviales.

Selon l'angle de vision, la vie peut être :

Infiniment belle ou alors horriblement laide.

On se l'approprie pour en faire son bonheur.

Effluves du fleuve, mélanges d'odeurs,
Algues relaxantes, poissons pourris empestant.

La vie, c'est savoir apprécier ce que l'on est,

Apprendre à être heureux avec ce que l'on a.

❋ ❋ ❋

En filigrane

Dans mon jargon d'enfant,
Des mots de tendresse
S'estompent en fine poussière
Dans l'ouïe maternelle.
Point de joie sans chagrin,
Point de bonheur sans peine.
Surmonter les obstacles et
Mieux apprécier la beauté de la vie.
Souffle fort, le vent qui emporte
Au loin les orages passagers.
Ceux qui vivent de leur passé
Connaissent l'amertume.
Regardons vers l'avant, **tournons la page du passé**.

Je ne sais point gribouiller,
Encore moins écrire,
Et pourtant, tu décryptes
Mes moindres ponctuations,
Ces joyeux gazouillis
Susurrés en secret mielleux.
Pour toi, ma glorieuse,
J'irai décrocher la lune
Et t'amener découvrir
L'univers des astres célestes.
À la noirceur de la nuit,
Succède la clarté du jour.
En dyade mère-enfant, **vivons pleinement le présent**.

(voir la suite à la page 29)

(suite de la page 27)

Dans ma tête de bambin,

Nulle crainte auprès de toi.

Tu m'enveloppes de ta protection,

Me réconfortes et m'aides à grandir.

À moi, ta chair et ton sang,

Tu voues un amour sans pareil,

Un amour inconditionnel.

Je suis le bisou insatiable

Qui égaye tes lendemains.

Amour d'une mère pour son enfant,

Amour d'un enfant pour sa mère, **pour un avenir de bonheur**

❊ ❊ ❊

Éraflures du temps

À ceux qui en ont fait une crainte obsessionnelle, une angoisse quotidienne.

À ceux qui préfèrent détourner le regard ou fermer les yeux pour ne pas la voir.

À ceux qui, spirituellement, l'acceptent tout en demandant que la leur soit douce.

Sans chichis ni remous, tu t'amènes à l'assaut d'une victime.

Jadis effrayé à l'écho de ton nom, tu fus la phobie de mes lendemains.

Magnifiée par les uns, méprisée par les autres, tu incarnes la mésestime.

Languissante ou violente, tu es le passage obligé au bout du chemin.

Las des aléas de la vie, je guette patiemment ton signe complice.

Clef de ma délivrance, devenu être chétif, je m'en remets à Dieu.

La vieillesse s'est éprise de mon corps, sans trop de supplices.

Résigné, j'abdique, attendant mon tour, allongé sur ce lit d'adieu.

Toute chose ayant une fin, à cœur joie, je remets le relais à ceux à venir.

Le temps a fait ses ravages, fendillant ma peau, abîmant mes cheveux,

Morcelant ma mémoire d'où ne s'évadent plus que des bribes de souvenirs.

Fort heureux d'avoir connu le privilège de vieillir, je confie mon dernier aveu.

Les miens, chagrinés, crieront leur peine avant de l'étouffer et de se taire.

Incrédules ou désemparés, ils se contenteront d'un défilé d'images.

S'ensuivra cet indéniable sentiment d'un parcours inachevé sur Terre.

Prières, tendres pensées et larmes d'affection pour me rendre hommage.

✳ ✳ ✳

Hommage à Martin Luther King JR

Mage des cœurs purs, aux oreilles des bonshommes retentit ton appel en essaim.

À ta destinée sans pareille, l'écho du cri d'un Peuple muselé par l'oppression.

Rétrospective de l'œuvre d'un visionnaire emblématique, a priori sans dessein.

Ta ténacité a porté ses fruits, jusqu'au sein des ténèbres, c'est la constellation.

Inspirant modèle d'égalité, tu as transformé les esprits violents en saints.

N'en déplaise aux détracteurs, ton rêve transcende les générations.

Leader charismatique, liberté et justice furent ta quintessence.

Unis en symbiose, des hommes aux croyances différentes se sont serré la main.

Ta voix éloquente guide et oriente les pas des égarés vers la voie du bon sens.

Héros, tu prônes la paix qui rallie, fortifie, glorifie pour de meilleurs lendemains

Et qu'à jamais soient aplanis ces stéréotypes qui annihilent ta fertile semence,

Réminiscence d'un homme dont l'amour du prochain a reboisé nos chemins.

Kaléidoscope où dansent les désirs ardents des pacifistes aux mille vertus,

Inébranlable est la flamme qui draine l'aspiration d'une Nation fondée sur l'amitié.

Naguère inaccessible, aujourd'hui inachevé, ton rêve nourrit l'avenir impromptu.

Grandiose est ton chef-d'œuvre, qui traverse Mer et Terre sans faille ni pitié.

❋ ❋ ❋

Impasse du chômeur surqualifié

De peine et de sueur, fonds de culottes usés,
S'enquérir du Savoir des années durant,
Exhiber fièrement ses diplômes tapissant le mur.
Comme une toupie, il tourne et retourne sur lui-même,
Un pas en avant…
Inlassablement, il danse…

De son ego glorifié par son désir de succès,
Plus que le regret d'avoir méconnu le sens de la réussite,
À la théorie s'allie la pratique pour être judicieux.
Malgré ses exploits académiques, il est lauréat chômeur.
Comme une toupie, il tourne et pivote sur lui-même,
Un pas en avant, un pas en arrière…
Vertigineusement, il danse…

Qui lui avait dit que les longues études assuraient l'avenir,
Aurait dû lui dire qu'un bon salaire en est le garant.
Chômeur diplômé ou diplômé chômeur, bardé de titres,
Il vit dans l'espoir qu'un jour son sort s'améliore.
Comme une toupie, il tourne et virevolte sur lui-même,
Un pas en avant, deux pas en arrière…
Désespérément, il danse…

❊ ❊ ❊

Miroir d'Ève

Ô toi qui détiens le pouvoir de refléter l'image, que vois-tu ?
Dis-moi que je suis ravissante. Complètement charmé, le miroir répond :
« Ils se retourneront à ton passage pour admirer ta démarche de déesse.
Mi-femme, mi-ange, tu es une source d'inspiration sans leurre.
Ces serviteurs s'inclineront pour vénérer la moindre de tes prouesses,
Chacun aspirant à la même prétention, ces rivaux beaux parleurs. »

Ô toi qui sais comment cacher mes défauts et me faire mieux paraître,
Dis-moi que demain, je serai magnifique. Et le miroir, séduit, dit :
« Ils rêveront d'effleurer gentiment tes joues de velours, petite caresse,
Mémorable toucher qui apaise les envies non dites, agréable chaleur
Pour toi, Ève, la nymphe pleine de grâce, des mots de tendresse
Sur ton beau visage resplendissant, point de trace de pâleur. »

Ô miroir, indispensable allié de ma coquetterie,
Dis-moi que, pour l'éternité, je serai belle. Et là, le miroir, contrarié, fit :
« Ils se réjouiront d'être adeptes de ta captivante allégresse,
Envoûtés par ton exaltant élixir de parfum aux mille fleurs.
Tant que ta beauté régnera, ils te couvriront de délicatesses,
Et lorsqu'elle s'en ira, Ève, je resterai ton unique fidèle serviteur. »

***

Plaisir d'écrire, écrire par plaisir

Qu'ai-je donc à dire aujourd'hui?
Non, pas le syndrome de la page blanche.
Je fouine dans mon for intérieur,
Inspiration qui va et vient en dents de scie.

Je flâne en mode partage-échange,
Cherchant un stimulus pour activité cervicale.
Quelques lignes griffonnées sur une feuille,
Machinalement, sans trop savoir où cela va mener.

Des lettres, des mots, des phrases, des notes,
S'imbriquant les uns dans les autres, formant des textes.
Des écrits sans structure et pourtant pleins de sens.

Des lettres brodées, tricotées en un bel ouvrage.
Des mots pêle-mêle qui s'entre-tissent en messages
Percutants, doux, émouvants, romantiques.

❋ ❋ ❋

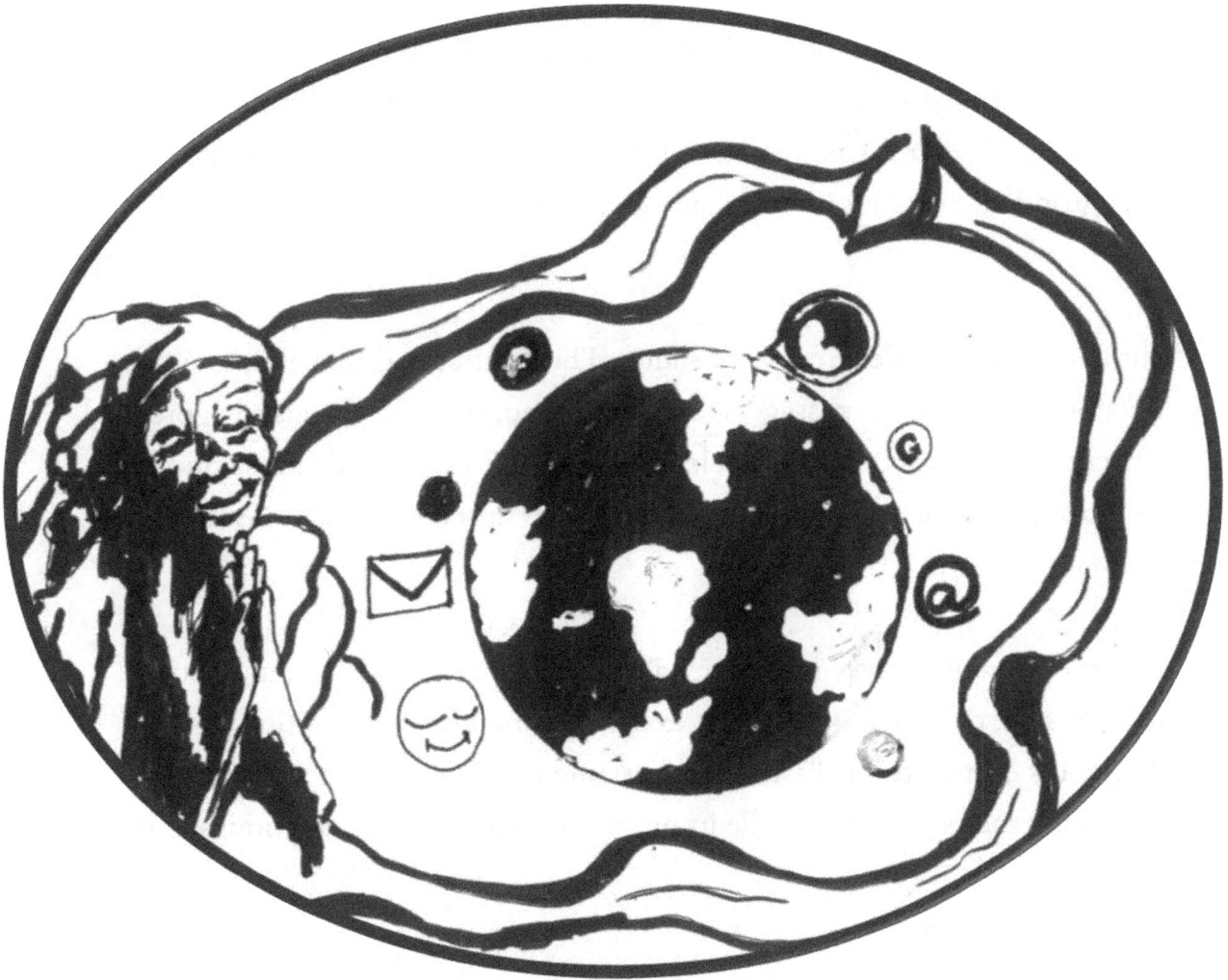

Plateforme à l'image de la belle

Avec son air farouche, il fallut l'apprivoiser, à petit feu, doucement.
Son imposant gabarit haut en couleur est imprégné de plaisirs malins.
Acharnée, elle entrelace les amitiés, les querelles, voire les tiraillements.
Aux grondements du tonnerre s'allie la douceur bienfaitrice des câlins.

Sur son épine dorsale se côtoient sautes d'humeur et constance platonique.
Affaiblie par des virus passagers, elle se reprend, plus que jamais revigorée.
Chacune des perles de son chapelet a un sens dans cette belle mosaïque
Imbibée des valeurs fraternelles où fleurissent en secret les béguins dorés.

Ornée d'un voile transparent, elle veille à l'harmonie, dans sa grande bonté.
En son sein, des échanges virtuels exaltent les neurones des petits génies.
Apprentis ou maîtres de l'art, au clavier, une foule muette est ameutée.
Pour materner ses protégés, elle implore la divinité, les mains tendues et unies.

***

Sanctuaire d'un nouveau-né

Joues de soie où coulent de chaudes larmes de sang,
À la joie d'avoir porté la vie succède l'immense douleur,
Inconsolable chagrin qui s'empare d'un rêve si récent.
Étouffer ses pleurs ou crier à tue-tête son malheur ?
Bonheur ensanglanté par un départ encore trop cuisant.

Le long de ces joues de soie, suintent des larmes de sang,
Déchirement d'une mère sans enfant emportée par l'émoi.
Ardent désir de procréer, un espoir perdu, ravi à jamais.
Assidûment accrochée au rêve nourri neuf mois,
Interrompu par l'ultime adieu, retour au Tout-Puissant.

Sur ces joues de soie, sèchent des gouttes de sang,
Deuil dans la naissance, amertume au bout du chemin,
Leurre de donner vie à un enfant inerte, un être innocent,
Cruel destin et cauchemars pour hanter les lendemains.
Sur ces joues de soie, des traces de sanglots de sang.

❋ ❋ ❋

Sanglots de l'enfant sorcier

Fruit imaginaire d'un Être maléfique,
Sujet au mépris et aux brimades,
Seul, à l'abandon, j'erre.
Ils disent qu'un enfant est l'innocence
... Mais pas moi.
Qu'importe le tourbillon des vagues,
Dans la mer déchaînée, je suis le coupable désigné.

Je porte le fardeau des croyances
Et du malheur des miens,
Confusion des notions de Bien et de Mal,
Ils disent qu'un enfant, aussi laid soit-il,
A droit à l'amour inconditionnel d'une mère
... Mais pas moi.
Qu'importe le tremblement
De la terre en colère, je suis le coupable désigné.

Battu, chassé, rejeté,
Je cherche en vain la main tendue.
Ils disent que l'affiliation sanguine prime
Sur tout et qu'un enfant doit être protégé
... Mais pas moi.
Qu'importe le grondement du tonnerre
Dans le ciel menaçant, je suis le coupable désigné.

Errance dans ce monde immonde,
Maudit soit le silence de mes nuits.
Ils disent qu'il faut s'aimer les uns les autres,
D'un véritable amour pour tous les enfants
... Mais pas moi.
Point de larme dans mes yeux
Et pourtant, je pleure mon désarroi.

❋❋❋

Sans mot

Maux qui naissent des mots,
Mots qui donnent des maux,
Maux qui font jaillir des mots,
Mots qui attisent les maux,
Maux apaisés par des mots,
Motus et bouche cousue,
Pas un mot,
Mots qui s'effacent avec le temps,
Mots pour se plaindre de maux,
Y croire, mot pour mot ?
Malice des mots bien choisis,
Aux maux s'ajoutent d'autres maux,
Mots amers, maux déchirants,
Mots doux sur maux douloureux,
Mot de trop, mot échappé,
Maux rongeurs, mots songeurs,
Sans mot dire,
Maux maudits,
Mot magique, mot sucré,
Avoir le dernier mot.

❊ ❊ ❊

Symphonie des bleus

Prêt à chanter la pomme, Céleste, les bras tendus,
Comme pour étreindre sa dulcinée qui paraissait si heureuse.
La complaisante Marine se pavanait de toute son étendue,
Mettant en exergue ses courbes ondulées et généreuses,
Caressées par des vagues qui dévoilent une bedaine où pétillent
De multiples vies fort grouillantes, quoique d'un calme apparent.

Quant à Marine, elle dévoilait les charmes de la douce et gentille.
Éternel courtisan, il rêvassait, s'imaginant avec elle, l'accaparant.
De là-haut, le Ciel se sentait fort et de là-bas, la Mer se savait belle,
Ignorant ces nuages qui gênaient leur face-à-face, de temps à autre.
Les yeux plongés dans les yeux, ils partageaient leur amour rebelle.

Ainsi communiquaient-ils, corps à distance, des tourtereaux apôtres,
Des secrets mimés, en silence, ils se promettaient un amour sans fin,
Faisant fi de la distance qui les éloignait l'un de l'autre, ils étaient sereins,
Se moquant des limites de l'horizon, ils se vouaient l'Amour pur et fin,
Mirage d'une fusion de bleus dégradés : bleu azur uni au bleu marin,
Illusion et désillusion de deux destins séparés par un amour impossible.

❋ ❋ ❋

Zénitude

Longue promenade en duo en bordure de la rive,
Beau coucher du soleil annonçant l'heure du repos,
Clapotis des vaguelettes, loin du quotidien en dérive,
Moment de quiétude où seul le bonheur colle à la peau.

Transit entre diurne et nocturne, charme du crépuscule,
Près d'elle flirtent le bien-être et la fougue passionnée,
Désirs ardents d'étaler cet amour sans faire de bascule,
La Nature bienfaitrice fait revivre les âmes attentionnées.

À la nuit mystérieuse, vagabonde l'esprit irrépressible,
La raison emportée par un tourbillon si intense,
Reviennent des moments qu'on croyait impossibles,
En saccades, enchaînement de pensées denses.

À l'aube arrivent les douceurs matinales du jour,
Aux chants des oiseaux, se faire dorloter par l'être aimé,
Et encore cette agréable sensation de sérénité, semée
À jamais dans des cœurs, destinés à s'unir pour toujours.

❋ ❋ ❋

Table des matières

Imprimé au Canada

www.ingramcontent.com/pod-product-compliance
Lightning Source LLC
LaVergne TN
LVHW061340060426
835511LV00014B/2036